AF507364

POTRO CON ALAS

POTRO CON ALAS

Jesús María Flores Luna

Primera edición, diciembre de 2011
© 2011 Jesús María Flores Luna
© 2011 Imagen de portada
"Ruta - 911" de Ricardo Aleman
Óleo y carboncillo sobre tela 230 x 185 centímetros

Ediciones el viaje
Marco Antonio Gabriel García
Plan de San Luis 1228
Colonia Miraflores, C.P. 44270
Guadalajara, Jal., México
edicioneselviaje@gmail.com

A cargo de la colección
y diseño editorial
Marco Antonio Gabriel

ISBN 978-607-95591-5-1

EDITADO EN MÉXICO

A la mujer
que vi en un relámpago.
Al Capi y mis hermanos.
A la Nana.
A ti, potro con alas
que nunca me has tumbado.
A la triste alegría
de saber que casi todo
se echa a perder.

Presentación

En potro con alas el yo poético y el yo encarnado del poeta hacen una travesía por la experiencia humana. Seca, nostálgica y algunas veces trascendente de la enfermedad, la tristeza, la agonía, la muerte, el renacer, la vida, el amor y su cansancio y desencanto luminoso.

Con un ritmo paralelo a la verdad del yo poético en cada verso, llegando a la playa de la decisión al abandono, para despegar de esta tierra y viajar a otros mundos existentes, reinventados, donde el yo poético busque morada y las cosas no se acaben, de menos no se echen a perder con tan simples soplos de fatiga arrogante y tierna.

Siendo un potro con alas el compañero y el mejor vehículo para los nuevos futuros viajes.

El poema

Qué es el poema
sino los quebrajes de la vida,
qué es el poema
sino el plato antes de romperse,
qué es el poema
sino la sangre del último búfalo
rapado de su piel
y el elefante mutilado
de sus blancos colmillos,
qué es el poema
sino el niño
estirando la palma
para que un padre ponga las monedas
que alcanzan a comprar la estrella
y si sobrase
comprar otra estrella
y regalarla al niño de mirada doliente,
qué es el poema
sino la prenda íntima
que el amante deshace
con sus dedos de fuego,
qué es el poema
sino una lanza de luz
que atraviesa el pecho,
qué es el poema
sino la novia frágil y flaca
que todos tuvimos,
qué es el poema
sino el pavorreal
abriéndose metálicamente verdoso

y el ave roja abriendo el viento,
y el pájaro domesticado de alas mutiladas
viendo la travesía del punto rojo,
qué es el poema
sino el caballo lobo gateado
que no he tenido,
qué es el poema
sino la esperanza encontrada,
qué es el poema
sino las barbas inteligentes,
qué es el poema
sino el mentiroso beso
que ponías a diario,
qué es el poema
sino el cáncer que corre por la sangre
pero aún no está oxidado,
qué es el poema
sino el escándalo
que se grita en uno de los apartados
del corazón
y el líquido
que se derrama
entre las ranuras del pensamiento,
qué es el poema
sino la residencia de los poetas
y la cama de los cansados
qué es el poema
sino los ojos transparentes
y los anteojos del alma,
qué es el poema
sino el amigo herido y fuerte
tendiendo la mano,
qué es el poema

sino los cascos blindados
contra los aparatos de reproducción
reproduciendo pena y miseria,
qué es el poema
sino la búsqueda
de escribir la palabra balablanca
e insertarla en la conciencia del pecho
de los sicarios,
qué es el poema
sino la clandestina salida
de un joven o una bella
para no quedar entre las púas
que se tejen al cuello,
qué es el poema
sino las pecas en la blancura
de la mujer que me dijo amaba los gatos
sin que yo lo preguntara,
qué es el poema
sino la garra tierna
que alza al aire
el gato blanco,
qué es el poema
sino el potro con alas
que vuela alto.

Pobre

Pobre, empobrecido,
rico de pobreza,
buscando las migajas
de polvo de oro
que alguna vez compré y vendí
y no lo encuentro,
no hay más oro a la compra
no hay cadenas doradas,
ahora encuentro la riqueza
que quiere acabar
con el último tostón
que un papá me dio;

pobre, empobrecido
del oro macizo,
el que llenaba mis bolsos,
mis muchachas, mis noches;
no encuentro más
la corona de rey,
la que no gastaba
la que sólo lucía
cuando derrochaba oro;

pobre, en abundancia
cuando caigo en cuenta
que no tengo en el bolsillo
ni la última moneda;

pobre, y barriendo
el polvo que me queda
de una riqueza de antaño.

El despecho

es una sombra
caminando
con su sonrisa cínica
que junta los labios
los muestra
los expone con ese brillo
de ciertos colores
y después
te saca la lengua

el despecho
es un arma del amor
cuando se siente despreciado

el despecho
ése sí
que sabe amargo
ácido
a cólera
a lodo
a pájaro muerto
podrido
y gato reventado
después de tres días

el despecho
es una daga
de color dientes
y cuando entra
no sólo entra
sino muerde

con esos dientes
cariados y amarillos
con baba venenosa

el despecho ha sido causa
de plomos
que han terminado
en los sesos
de algún idiota.

Corceles negros

La palabra no encontrada
en ningún sitio del universo
es la que se incuba hoy
bajo mi carne o sobre ella,
es una estampida
de corceles negros
que me devastan a su paso
y yo grito y trato de salir
entre las violentas patas
que corren desbocadas;
cuando logro levantar por fin
mi brazo molido
y ascender lo más alto mi mano
para que quien cabalga la tome,
me suba y cabalguemos juntos,
es entonces cuando miro aterrorizado
que golpea la rienda
sobre los majestuosos cuellos negros
para que corran más a prisa
y de un tajo
me destrocen por completo
innumerables patas de corceles negros.

Mis ojos arden,

duelen, punzan;
más que nada
el derecho,
late como un corazón
al ritmo del verso
que dejo aunado
a un pedazo de árbol muerto.

Los ojos miopes
son lo contrario a la certeza
y cansados
son un vagabundo
caminando desairado
en busca de alimento
en una ciudad desierta.

Duelen con d de diente
clavado en la mirada,
buscan extraños
entre los conocidos
y ven
caras desvanecidas
opacas
nubladas
neblinas.

Los ojos miopes
imaginan lo que no ven claro,
he confundido hembras con yeguas,
con gatas,
pero de eso
no culpo a los ojos.

Triste

Triste de tristeza de tristura,
triste de perdido
de enlodado, sucio sobre lo enlodado,
triste entre la gente triste,
triste desdeñado, descalzado, desgastando
la tristeza que la vida dota,
triste de tristeando
de ver mujeres tristes
y ni juntando las tristezas
alejar a la tristura,
triste de tristeza de tristura,
triste, inmensamente de tristeza.

Fiebre

es tener una pizca de alucinación,
es que tu cabeza
reviente en instantes,
que tus ojos se desorbiten irritados
y las ingles se inflamen al interior,
que el sexo esté más caliente de lo común

es experimentar un tipo de agonía
y sentir la condición humana
como la más débil de los seres

es desear no haber despertado
en aquella cirugía de hace años,
es no salir en sábado con una mujer,
cancelar el domingo

es tocar la frente cada hora
con la palma derecha
en espera de que se haya ido

es cantar repetido
la misma canción de un minuto atrás,
es encerrarte en un cuarto
frente al mundo
durante diez horas,
es dormir sin descansar

es tener un sol en el cuerpo,
y los huesos apaleados,
tener fiebre no es tan malo,
es sólo
tener fiebre.

Enfermedad

maldición de fruto prohibido.
Enfermedad
a ti te parió la muerte.

No te gusta caminar,
te quedas ociosa en los cuerpos,
los hundes en una cama
o en una plancha zumbando de moscas.

Te prostituyes
saltando de uno a otro.
Te haces muda
invisible
y de pronto
en un día feliz das el zarpazo.

Enfermedad
que envidias a los vivos,
que no soportas
la sabiduría de los viejos,
y sientes rencor
de lo que es joven.
Enfermedad
cuélgate de un poste ardiendo en llamas,
clava las anginas
en tu corazón,
que se infle
como un cuero
lleno de estiércol.
Avejéntate,
hínchate de ácido
y muérete.

Hambre de pan

Una cabeza queriendo estallar
dentro de mi cabeza,
mis ojos queriendo estallar
y no los dejo.

Tengo la lengua seca
de tu lengua,
los labios quebrados
de tu distancia.

Me alimento a pan y agua
no me quejo,
pero también quisiera
el pan de la salud, de la esperanza,
el pan horneado o blanco
de unos labios
para calmar mi alma,
el pan que no se quema
y que no arde,
el pan vivo
del día azul.

Si me muero primero

pon un beso en mi caja
pintado de rojo,
nunca verde
ni frío.

Y si en mi muerte reposando
ves poca gente
no entristezcas por mi memoria,
sólo serán los amigos.

Si una mujer lenta
se encorva para poner un beso
cálido y sincero sobre la madera,
alégrate
seguramente me amó tanto y
yo a ella.

Si una noche
sientes caricias frías
y se estremece tu cuerpo,
no soy yo,
cierra la ventana,
yo
estoy en el paraíso.

Mi cordón de plata se ha roto

se aplastó
se quebró
se enredó y está húmedo,
se hizo nada,
cenizas
barro
arena.
Mi cordón de plata
deliró
se entristeció
se machacó
se arrugó
se mordió.
Mi cordón de plata
se creyó roto
pero no tuvo tiempo
para llorar.

Los años renacen.
Sumerge la cabeza
en el agua y renace
de lo alto,
de la madre, del padre
y ve parir el cielo
llorando gritos
cuando te expulsa
y al sol, de pronto
míralo
cambiándote los pañales
y meciéndote en su pecho de rayo.

Tenis

Unos tenis, talla ocho
blancos de preferencia,
con suela de montañista
y eficaz antiderrape,
con poros que respiren
y material durable;
material
para caminar sobre hielo,
de pronto
andar por un desierto
de arenas de fuego.

Un par de tenis, talla siete,
yo los amoldo
entre sangre los remojo,
sí, de preferencia con cintas gruesas,
que amarren, que aten, que ahorquen
si fuera posible, uno no sabe
en veces se corre
por los puntiagudos del lomo
de un cocodrilo vestido de guerra.

Un par de ellos
que sean secos
pero no calientes,
sí, de procurar
que tengan suela gruesa,
que no teman los caminos
donde los insectos
se les adhieren
intentando dejar la ponzoña.

Sí, un par de tenis,

necesito calzar
el corazón.

Oye la ducha,

se baña el relámpago,
se baña
y por la ventana
que mira la calle
se hace un juego de luces
que prenden y apagan

es el relámpago
llorando,
porque ya no alumbra
con fuerza joven
sobre el cielo oscuro,
y se baña, oye, la ducha,
se baña
para disimular su llanto
bajo lluvia
de regadera

toco la puerta
para ayudarlo,
la verdad
para bañarnos juntos
pero no me abre,
aunque ya es poco su destello
lo cela a muerte,
y yo
que me bastara sólo un poco
para iluminar calles,
ciudades,
pero no me abre.

La vida es un mango

yo lo saboreo,
lo lamo,
lo cuido mientras lo mastico,
lo respiro, lo huelo, lo palmo,
le quito con cuidado
lo que le sobra a un mango,
lo que no es natural de sí,
y mientras plácido y gustoso
yo me coma mi mango,
me importa una carajada
si tú te atrancas,
si lo tragas,
si lo apeteces,
si te ahogas y haces sonidos de cerdo,
me importa nada
si es verde, amarillo o rosita putilla,
si lo saboreas o no,
me importa un pedazo de reptil ciego
si al respirarlo vives
o te sofoca el olor a mierda.

Amigo no entristezcas

no agaches la cabeza de avestruz
que aún es tiempo;
el otoño se ha llevado
hojas secas y muertas,
el invierno ha helado
los vellos del cuerpo
y la lluvia nos ha empapado,
¿y qué eso?,
¿acaso no da vida también?

Las hojas caen amigo
se secan se destruyen
como huesos tronando
y después se pierden
en la nada, en el todo,
¿y qué eso?,
¿no es vida también?

Dejarlas que sequen
que caigan
que truenen,
que ya se visualiza
la nueva verde,
y no entristezcas amigo
que mientras raíz exista
árbol perdura,
levanta el orgullo de tu copa
y cobija bajo tu sombra
las raíces
que esperan ser árboles
de frondoso cuerpo.

Truena el otoño del corazón
y deja salir el nuevo verde,
el tinto,
embriaguémonos
alegres, amigo,
disfrutar del otoño
con una risa cínica
y no dejarlo
que se instale en las praderas
del compañero latente.

Amigo mío,
amigo de tantos veranos,
no escarches las hojas
en invierno,
mejor hervirlas al fuego,
hacer un té
alegrarse
porque las hojas escarchadas
se han convertido en vida,
vino,
alegría,
embriaguémonos al son
de la tempestad,
efusivos y alegres
esperemos el nuevo sol
que a punto está de brillar.

**Hermanos
desclaven la mirada**
y suspendan sueños por los aires

no desgarren
por un simple trueno,
no tiemblen
que el espíritu está fuerte
aunado a un espíritu mayor
que nunca desvanece

anden
no lloren
que aún no veo plomo
en nuestros cuerpos
y las pistolas
que nos apuntan
son agua

arriba
y adelante,
que la vida es bella
mientras vivan
y la muerte
es muerte cuando mueres

suban, remen,
naden, corran y no paren
sin antes
haber llegado
a lo más alto del arcoiris
y después,

bajen, resbalen
de nuevo a la tierra
de donde hemos venido

les aseguro,
los que no suban
no verán lo hermoso
que se ve
cuando se ha llegado
a la panza,
lo más alto
del arco de colores,
aunque después
haya que bajar de nuevo,
a la tierra
de un solo color.

Yo sólo quería un poemario,
ser leído por una bella dama,
sólo intentaba
escribir los versos

de doble filo

que entraran

entre las membranas
y calcinaran los odios

y

d
e
s
p
r
e
n
d
i
e
r
a
n
las furias del verdadero sentido
para salvarnos
y amarnos
los unos   a los otros
como   nos han amado.

No hay que dejar

que la vejez se instale
en las barbas
ni los años en el rostro
con los ojos encharcados

que la vida no se acumule
en los cabellos,
que las mujeres del pasado
no apaguen el fuego
que ellas mismas dieron

que ni la misma sabiduría
acumulada por el camino
nos aplaste la cabeza
y entonces volviera difícil mover las piernas

que el peso de la riqueza
no rompa el bolsillo,
rompa
el hambre del hombre

que las noches
no oscurezcan bajo los ojos
y los días no encandilen
la mirada

y que los viajes
del pasado
nos sigan dando
nuevas alas.

Es cuestión de escuchar,
abrir un libro,
hablar lo bien pensado,
investigar incluso
en las noches de fiesta;
tomar un arma
apuntarle a la idiotez,
bajar el arma
dejar libre al justo,
cobrar lo que hay que cobrar
y pagar sin llorar;

es cuestión de absorber el arte
como impulso al alma,
dejar lo fétido,
armarnos con buena teoría
guerrear con práctica,
besar
o dejar de hacerlo,
servir la copa
y dejar que la sirvan,
estar atento
al gesto noble de un poeta,
no aceptar
un chip de perro
en nuestros cuerpos,
poner dos manos
en las orejas
a la conversación de un tonto;

es cuestión
de no sacar la pezuña por el auto,

trabajar o morir de hambre,
sépase que también
el corazón y la mente sudan
que no cueste comprenderlo,
sobar los pies
de un enfermo en cama,
cocinar como para el rey,
lucir
para la fiesta grande,
mirar
como la madre
y nunca dejar mirando
al mendigo;

es cuestión
de hacer el amor con ganas,
amar a los odiados,
retirar los tanques de guerra,
olvidar las bombas,
comprar lentejas
en vez de municiones;
es cuestión de parar un momento,
subir a los niños
en aviones
y mostrarles el mundo.

Tengo el corazón
pandeándose entre calles

y noches luminosas,
con rimas y voces,
ritmos que llevan mujeres
pandereando sus caderas
que tiran
las tumbas
de pobres hombres
que se creyeron bajo tierra
en la tabla grisísima
que hoy se ha tronado.

Y más coros y más mujeres,
niños y hombres
salen de las calles,
de las casas,
de los barrios y callejones,
todos se unen con instrumentos
trin, tum, tam,
hasta los de manos vacías
aportan el corazón
y su música latente.

Un festín se ha hecho
por la avenida grande
y mi corazón que se pandea,
ahora arde,
danza
al son de las muchachas
de sonrisas grandes
con dientes escarlatas

las manos agitadas por los aires
y todos danzando,
árboles liritando
con hojas chocantes
de música verde.

Al camino se le unen
prostitutas y putitas,
crudos y borrachos
que escuchan alboroto;
una embriaguez desconocida
hace que la prostituta
invite a su cliente,
y la putita deja a su amante,
el borracho sale de la cantina
sin antes acabar el sorbo
del fondo del vaso;
y se unieron a la voz,
al canto
que removió sus tumbas;
la avenida repleta,
carnaval de humanos,
mujeres vestidas de magnolias
todos danzando
al lugar donde sale el sol
que arde a toda hora
¡sí!
¡Ésta es la fiesta grande!

Los perros de la muerte

han destrozado nuestras ropas,
rasgado los vestidos finos,
los mismos con los que papá
nos había cubierto.

Ahora sacudir la baba verde
que nos han dejado,
no remendar,
ahora desnudarnos
vestirnos con lo nuevo
que para eso
tenemos la riqueza
almacenada en el pecho.

Había entrado

ya estaba ahí,
sus discípulos escuchaban
y me dispuse a atender.

Su voz era dulce
traspasaba las moléculas
y una paz
se instalaba en el corazón
después de cada frase.
Enseñaba firme
pero con más amor
que cualquier otro amor.
Habló de un paraíso
preparado para los fieles,
para los que hacían
la voluntad divina,
y salió una lágrima
de su ojo derecho
cuando mencionó
el lago de fuego
de los pecadores incrédulos,
que imaginan
no hay más muerte
ni más vida
que la que palpan
con las manos,
los ojos,
con la boca,
con el sexo.

Después dijo
que entendieran los listos,

escucharan los sabios
y su bendición
la proclamó sobre nosotros,
entonces
fue crucificado
nuevamente.
Entre los espantosos
y crueles dolores
con trabajo mencionó:
los he perdonado,
me crucifican a diario
con sus guerras.

Entre el dolor
siguió exclamando:
lo haría nuevamente,
moriría en la cruz
aunque fuera por uno sólo.

Entonces vi que continuó llorando
cuando se abrió el suelo,
lamentos entre llamas
gemían estruendosa,
desgarradamente
y llorando
dijo:
no sean como ellos
que no creyeron en mi cruz
y pisotearon mi sangre
a pesar que les pasé
por enfrente,
aún es tiempo,
salven sus seres

a través de mi iglesia,
que se ha manchado
y ensuciado pavorosamente,
pero es mi iglesia
y la respaldo
con el amor de una madre
hacia el hijo perdido,
defendiéndolo hasta la muerte
con la esperanza que cambie.

Abrí mis ojos,
yo también lloraba,
me dijo
que anduviera adelante
que no parara.
Quise besar sus pies
atravesados por hierro,
pero sólo pude
bajar el rostro
y en la mente
soplé un beso.

Amo al Dios

que me entregaron mis padres,
amo más
al Dios que me encontró,
que se presentó
y me dijo: buenas tardes,
mientras apuntaba un sol
con su dedo
que también tenía un sol.

Lo amo con el dormir
de mi descanso,
con el pensar de la palabra escrita,
con el estruendo
de las tormentas de mi mar,
lo amo con…
también cam
y con el tum, tam
de los tambores
al son del viento,
baila y tumbuleo
del tambor de la esperanza,
y el rugir de los desiertos
silbando aire entre arenas
y creando toda danza;
con la carabina
de los hombres
que caminan por desierto
pisando oasis que se levantan
y crean formas humanas
y alegran más la danza
el silbar y el zumbar

de los vientos
con el ritmo del son
tum, tam
de los tambores.

Hoy Señor
busqué mujeres bellas,

las deshice con un dedo,
platiqué con varias personas,
tan lindamente
que hubo reflejos violetas,
conté
en el pequeño universo del dinero
y mis ahorros no llegaban
ni al brazo de una estrella,
entonces,
volví a guardar eso
por lo que los hombres se matan,
mejor conté los vellos
de mis brazos,
encontré líneas de sol
y en ellos vi
el reflejo del amor;
hoy miré mi sexo
vi que era perfecto,
vi mis manos
y encontré trozos
de las tuyas.

Descubrí
que puedo encontrar tanto,
que tengo
mucho por ofrecer
y que hay cosas
tan fáciles
como hacerlas,

pero hoy me quedo
con la oreja en tu corazón,
entiendo
que lo mejor
es estar sentado bajo ese árbol
recostado en tu hombro,
hoy sé
que es bello viajar de tu mano
encima de ese reino,
que tu enemigo
intenta arrebatar a los hombres
con los reinos
de carne, de papel
membretado con valor;
te elegí a ti
con toda la congruencia
que debo mostrar,
y hoy, cansado,
después de un día de triunfo,
yo sólo quiero
dormirme entre tus brazos.

Oración para Braulio

¿Señor, alguna vez extrañaste a Lázaro,
a algún amigo?
Entonces sabrás de lo que hablo.

Hoy me diste cinco piezas de pan,
tenían mantequilla y miel untada
y logré extrañar a Braulio;
no sabes las ganas que tengo
de que le untemos poesía
a un trozo de papel,
de que hablemos del último poema
y con nuestro aliento
descontaminemos un poco el aire.
Es penoso respirar siempre lo mismo.

Te pido que le pongas siempre
en los bolsillos
las monedas para el camión,
para el pan y para sus libros del mes.

Yo sé que él cree en ti
aunque ama más al comandante Guevara,
a Bob Dylan y a Ignacio Taibo ll.
Te pido que te hagas el cegatón
un poco,
que tu celo sea paciente,
él ha de amarte a su tiempo;
cuando te ame
su poesía te hará llorar lágrimas
vivas,

que regarán la tierra
y nacerán árboles radiantes
de luz color manzana.

Te pido, señor mío,
que le quites sus miedos,
esos que son más simples
que las pesadillas de los viejos
que aún se atormentan por el 68.

Sabes señor
que no hay poeta,
escritor de novela policiaca
que quiera más que a él.

Cuídalo,
él es el poeta,
el conquistador, el luchador,
el chico inteligente
que no necesitó estudiar,
que leía bajo el pupitre
en horas de clase,
el hombre que se ha dormido
en las fiestas de poetas
y al día siguiente se ha ido a trabajar
aún con las sensaciones
de los compuestos de las estrellas.

Te pido, que le perdones siempre,
tú sabes que siempre ha estado un poco loco,
de otra manera no se llamaría Braulio,
tendría cualquier otro nombre común,
de esos que se los lleva el viento,

que hasta el acta llora
por cargar con injusta carga;
también, si estuviera cuerdo
no sé si sería mi amigo.

Por último, mi amado Maestro y Señor,
que su alma vuele hasta ti,
y si no es mucho pedir,
que cada que se lea esto
él reciba en sus ojos el trueno
y en su corazón tu relámpago.

Paseante

A veces quisiera
que me creyeran
cuando digo
que Jesús, sí salió
de su sepulcro resucitado
y anda por ahí
paseando en los parques,
viendo el globo de gas
que se escapa
de un pequeño puño,
y Jesús parado
sólo mira
y no hace nada,
pues en la infancia
a todos
se nos va un globo.

Otras veces
anda por el mercado
viendo el colorido de frutas
y eso le basta
para mostrar los dientes, alegre.

A veces está sentado
en la primera banca de la iglesia
platicando con su padre
o en la última
consolando a un huraño.

Otras ocasiones
va a los bailes

y baila con todos
aunque no lo vean,
también a veces
le gusta entrar al cine
y casi nunca se duerme.
Le gusta subir de copiloto
a los autos,
le parecen cómodos,
pero si por él fuera
no cambiaría el burro.

A veces le gusta llorar
para que el triste
no se sienta tan solo.
Otras veces
visita los prostíbulos,
dice palabras raras
y hasta ha convencido a mujeres
que cambien de oficio.

En ocasiones
visita un grupo de jóvenes
y ríen todos juntos.

A veces quisiera
que me creyeran
cuando digo
que lo he visto vivo,
que tiene carne,
voz
y que por alguna razón
le gusta seguir vistiendo túnica,
aunque en veces

intenta con corbata y zapatos.
Yo a veces quisiera
que no me dijeran loco
cuando digo
que hablo con un hombre
de dos mil años atrás.

Mujer
blanca costilla de Dios,
ojos nacidos de la estrella madre,
hondo pozo del paraíso.

Mujer
la belleza te eligió como trono
y reina en ti
manda en ti
genera más belleza   en ti.

Tu corazón
es la silla de la tarde
donde me siento a contarte de otros mundos
y tu oído la flor blanca
que atiende mi voz como al colibrí,
pero mi voz no te absorbe,
te inyecta ansias, paz
que acumulas en tu granero
para que en mi tiempo de hambre
yo abra las puertas de tu vientre
y tome el grano limpio de tu feminidad.

Mujer
eres el perfume
en el frasco del universo,
el árbol sembrado en el cielo
que llueve limas y manzanas
para todo viviente,
eres el sol dormido sobre las olas
mientras los peces del mar,
grandes y pequeños,

danzan a tu alrededor
salpicando agua salada,
y los tiburones se distraen de su presa
salpicados con el baño de tu cuerpo.

Mujer
incubada en el capullo del mundo
que se abre
para darle luz al mismo mundo.

Mujer sin alas

No entiendo
no puedo
no maquino vivir
con una mujer
que no entienda la poesía,
que no aprecie el arte
con los dedos del corazón
y que no le palpiten
los corazones de los ojos
cuando los pose
en una poesía
del aire,
de letras, música
o física.

No comprendo compartir un total aliento
con una mujer
que no sepa cabalgar
entre los crepúsculos de la poesía,
que no sepa aventarse, nadar y luego ahogarse
entre letras
que la llevarán a orilla y tierra firme.

No soy tan cuerdo
para vivir
con una mujer aterrizada,
con los pies bien puestos en el piso,
por el solo hecho
de nunca antes haber volado
con alas tornasol

que los poetas le piden prestadas a la poesía;
no logro
no maquino
no digiero
no filtro
no resumo
no exprimo
no pienso
no puedo,
vivir con una mujer
que no sea como ella.

Amando en mí

Si supieras,
tengo tantos corazones
dentro de mí
viviendo
y mi corazón late
dentro de cada uno.

Que bello es vivir
con tantos latidos,
con muchas vidas
dentro de uno
y a la vez
uno vivir dentro de otros.

Si supieras
cuántos corazones
están amando dentro mío
dando buena marcha
y todos juntos
bum, bum
bombeando
al ritmo que yo vivo
también en ellos.

Y cuando un corazón
muere dentro mío
y mi corazón
deja de latir
dentro de otro,
entonces el resto

acelera la marcha
para seguir amando
al bum, bum
bombeando
ríos de sangre,
cual vida,
cual muerte.

Sí, amada mía,

hembra entre hembras,
somos aldeas deshabitadas
y tú y yo habitamos
uno dentro del otro,
somos la jungla
llena de lianas,
te balanceas en mi cuello,
yo,
resbalo entre tus cabellos.

Somos el mar
cuando revienta en la orilla,
cuando está en calma
y en la tempestad.

Somos cielo
amada mía,
revuelto y ácido
como la primera lluvia,
ardiente y seco
como los días de felino que muerde.

Somos un pantano
de cocodrilos hambrientos,
y lodo y ramas,
y de pronto
pájaros cantando,
el cuervo parado
alza sus alas
y vuela lejos.

Somos una fiesta de luces,

de globos,
baile que baile,
sonrisas y muecas,
ojos clavados
y las frentes juntas.

Somos un corral
de potros broncos
relinchando,
reparando
y en un instante
bien domados
cruzamos nuestros cuellos salvajes
y en ternura
nos volvemos un gran potro con alas
volando por las praderas.

Somos un domingo
frente al vértigo
de una barranca
y un lunes intentando
seguir amando,
de menos,
queriendo.

Somos un campo de guerra
con plomo en el corazón
y cañones
apuntando directo a donde sea,
pero donde sea
que sea
donde más duele.

Somos el canto

de los pájaros,
y el aullar de los perros.

Somos agua estancada
y un río entre la ciudad,
amada mía.

Su voz tiembla en mis manos

está en mi cabeza

por dentro
recorre mis ojos
mis párpados
y se deshace
en mis dedos.

Sus pies
son de mujer alta,
sus ojos ven borroso,
su sonrisa
regularmente es nítida,
sus piernas
sus brazos
con la extensión
de la armonía,
sus manos,
su boca boca
de labios frescos.

En las colinas
verdes y extensas
de su pensamiento
colindan mis deseos
áridos y secos,
negros violeta
y carne carne,
cuerpo y vida
y muerte instante
que me entierre

en sus brazos carne
seda y translúcidos.

Su voz viaja
prensada de sus ojos
como si fueran una sola cosa,
voz con ojos
ojos con palabras.

Tiene una casa grande
deshabitada de encuentros
y habitada de nostalgias,
de hombres que no han sido suyos
y de hombrecitos tímidos y callados.

Tiene un balcón flotando,
lo sostiene la esperanza
y la ilusión
de que un hombre
llegue un día con una flor
aunque no fuese hermosa,
pero que sea flor
aunque carnívora
aunque venenosa,
para morir los dos,
comidos o envenenados
pero morir los dos.

Tiene unos dientes
pegados a su sonrisa
y me muerden
el corazón
cada que se alegra,

y en la mordida
su saliva
        me sana.

Una espalda para dormir
con la mejilla posada
y de sus dedos
cuelga pequeños labios
que besan
cuando acaricia,
y me amar quieren
cuando me retiro
a los páramos
del pensamiento.

Para que no sufras desamor

he decidido
no amarte en exceso
pues dicen
que hasta el amor mal administrado
causa daño, enfermedad y muerte

pero si quieres enfermarte
sólo llámame
y nos morimos juntos.

Sol de Puerto

Hoy bauticé,
por hoy y por ahora
a la cuna del sol;
le nombré:
Puerto Rico.

Hoy salió el sol
por ese lado;
no conforme con su presencia
vino a visitar mi patria;
dentro de sus destellos
que paseaban como mariposas
y se anidaban en mis manos
y el pecho embrutecido,
también tenía dos piedras de luna
con un brillo de cristal
que salía de su mismo fuego.

¡Que viva Puerto Rico!
por hoy, y por ahora,
y por los consecuentes instantes
que se albergarán en mi ser;
que viva,
y bien vivo
hasta que desaparezcan de mi mente
las fotografías flasheantes continuas
desde que el brillo de aquel fuego
quemó mis adentros e incendió mi corazón,
y sin darle muerte
le dio un ritmo acelerado

de emociones violentas
y contrastes tornasol;
¡Que viva Puerto Rico
y bien vivo
bien latente!
Por siempre
pero sobre todo
hasta que desaparezca
el vaho colorido y ardiente
que se formó en mi corazón.

Puerto Rico
bien vivo
y bien latente
al par de mi patria
hasta que se arranque
de mi pecho
el caminar de hormigas
que van cantando al ritmo del paso:

Lo enorme
no es que fuera sol,
la grandeza está
en que hoy se vistió
con traje de mujer,
y aunque quiso disimular sus destellos
tras el hermoso forraje
de una mujer con ojos de piedra lunar,
no pudo esconder sus rayos
mucho menos su fuego.

Terminó por quemarme,
incendiarme,

por hacerme amar
a Puerto Rico
y aceptarlo por hoy
como mi segunda patria
y por un instante

        como mi única.

¡Que viva Puerto Rico!
que viva su sol
vestido de dama,
de niña, de diamante,
que vivas tú
bien viva

      bien latente.

           Larga vida

                para el sol puertoricense.

**Estoy tirado
descansando**
en este lugar
donde las mujeres huelen a coco
y el sonido es el mismo cada instante,
el murmullo
el gemido
como si el mar
hiciera el amor cada segundo
y su sonido
da la esperanza de no morir
sin una vez más
hacer amor.

Amiga

usted se está poniendo vieja
los surcos se anidan en el rostro,
los ojos se le cansan
las piernas le embarnecen
el vientre un tanto embrutecido,
los jeans se le untan más
no de belleza
sino de vejeza;

lo que me parece igual
desde la tarde
en que la conozco,
son sus labios
como hinchados de amor y de muerte,
pero de ahí en más
usted se está poniendo vieja
y no lo nota,
pero viera que susto
me metí el día de hoy
cuando descubrí
que usted está más vieja y
me sigue hinchando el corazón.

Enamorarse

Reenamorarse
de cada respiro
latido
mirada tras mirada

enamorarse
y jamás dejar de hacerlo;
de una piel blanca
no blanca
pero siempre esencia blanca,
de unas cuantas pecas
que se contarían beso a beso,
de un cabello virgen
y un par de ojos
clareando color de abeja

enamorarse y reenamorarse
de los amigos   enemigos,
de un sueño
realidad y fantasía,
enamorarse callado
gritado, bailado
acariciado

enamorarse
de un cuerpo
un aire
una música
un domingo
lunes,

de pájaros
y de sus nidos,
de las fáciles
y las eternamente difíciles,
de los días
los minutos y horas

enamorarse con ganas
con cansancio
con deseo

enamorarse
agitado, obsesionado
loco
sin importar
que no se sea
correspondido

enamorarse de una mascota
y de su dueña,
de los vivos y los muertos,
de la comida
de su proveedor

enamorarse de felicidad
de enojo
de aburrimiento
del rojo
del sol
el azul,
enamorarse y nunca dejar de hacerlo
de cada paso
olor y sentido,

enamorarse de los besos dados
negados
de las noches madrugadas
amaneceres solo

no concebir la vida
sin enamorarse
y morir
sólo morir de amor
y nunca de su ausencia.

Mujer de faraón

mujer de caminos asoleados,
transportada en los carros
tirados por corceles negros
con ornamentos de oro
en sus majestuosos cuerpos,
y tú misma eres un adorno
anclada al carro
con los ojos de puma
mirando el desierto
que es tu reino seco
y tú
eres su agua de azúcar moscabado,
a tu paso inclinan el aguijón los escorpiones
las serpientes saludan con sus lenguas
haciendo reverencia con las cabezas
y el halcón que vuela sobre
da giros acompañando tu camino.

Me gusta

cómo te has mudado
dentro de mí,
como un órgano más,
como otro ojo
un riñón
un hueso
medio litro de sangre;

me gusta
cómo sonríes falsamente
hasta que conviertes
esas sonrisas abismales
en un beso sincero y caliente

me gusta
que me gustes,
que te lleve
como un músculo en el corazón,
que frunzas las cejas
y no bajes la mirada,
que me voltees el rostro,
me cierres los labios,
que me acompañes aún
cuando quisieras
que me fuera solo y triste

me gusta
saber que tienes
un bosque para darme
y sin embargo
sólo me das unas flores,
siempre frescas

me gusta
que te parezcas
a una noche sin estrellas
y a un día de humedad,
a un camino verde
lleno de tigres

me gusta
que tu cuerpo
no sea muy bello
ni bien sujeto y sustentado,
que cuelgues tus ojos
en mi habitación
para ver a qué hora llego
o con quién llego,
que mandes tus pies
tras de mí
y sienta tus pasos
en cada movimiento

me gusta
que me tengas
grabado en tu brazo
y que tu lengua
tenga el sabor
del amor fermentado,
que tu vientre
esté gestando
un pequeño sol,
que tus manos
estén criando la nueva caricia
que dibujarás en mi cuerpo

me gusta
haber ofrecido mi libertad
y que la hayas tomado,
aunque
a precio de mendigo.

Llueve el verano y el trueno

languidece en mi corazón,
llueven nubes ácidas
y golondrinas grises
con rostros de búhos
y con ojos de halcones ciegos;

el verano tan invierno
y tan lluvioso de piedras,
las mismas que caen
en el punto exacto del ombligo
de los besos no dados
 y el ópalo
anaranjado que me prometiste,
y yo
colgarlo a mi pecho
a mis ojos, mis espaldas,
mis piedras,
como colgando la cadena.

Vengo saliendo,
traigo toda la sal del mar
en la barba,
y tú, sirena, no apareces.

Traigo alborotado

todo el cuerpo,
lleno de puntos sensibles,
ando sonámbulo
por motivos bajo la carne
y me arrastro
como lagarto
por el pardo suelo;
de pronto te veo,
tus pies en zapatillas,
tus piernas
y al instante me levanto.

Me llevo el corazón
bien atado entre los dedos
y voy unos metros bajo el mar
a ver si ahí,
descanso
de lo que traigo,
de lo que eres.

Ella es
como una s,
como una piña tropical,
mulata o rubia
no recuerdo,
le besé el corazón
no el cuerpo,
la verdad
que sí recuerdo
pero no importa
porque ella es

como una s de colores
como una X de corona
sobre su cabeza tropical,
es regalo de brisa
que cae a firme,
es un pequeño tiburón
vestido de arcoiris
y con sus dientes
acariciándome el cuerpo
esperando exacto
el momento a devastarlo.

Apenas y le doy mi amor,

apenas me siente seguro
y se comporta como una señora,
muy digna,
muy madura

se convierte en juez

en guía

en marca camino.

¿Quién te dijo que necesitaba un juez?

¿Quién te dijo que necesitaba una cocinera?
Lo único que necesito es mujer.
No pedí un guía,
sino con quien caminar aunque tropezáramos juntos,
crecer en sabiduría,
una mujer que me besara
y cerrara los ojos en el infinito.
No una madura,
madurar juntos dentro de vasos de alcohol.
¿Quién te dijo que quería una señora?
¿Quién te dijo tanto?
y ni tiempo te das para ser.

Yo también pierdo

una mujer a diario,
ni con el rayo del verso
logro conservarla,
no se quedan
como esta barba
de rastrillo perezoso,
como la niña
que por corazón
lleva una estrella.

Yo tuve una mujer

que me gritaba con su silencio,
que me decía idiota
con su cara triste.
Yo tuve una mujer
que negándome el beso eterno del enamorado
y con un beso tibio
me decía cuánto me odiaba
pero le era difícil dejarme.

Era apenas escuálida
le pude haber llamado: flaca
sin embargo,
esa palabra
siempre me ha parecido
sinónimo de poca cosa,
y ella no era poca,
era bastante.

En su vientre plano y angosto,
apenas vientre,
cabía la mitad de un sol,
en sus ojos
cabían dos gotas de luz,
en sus manos
de alguna extraña manera
cabían mis manos, y me bastaba,
en sus pies
cabían dos jardines de azules nuevos,
en su boca
cabía la sonrisa,
en el arpa de su garganta
cabía el tono del silencio,

en su nariz
cabían mis labios
y un beso nuevo,
en su cabello
cabía el aroma de los planetas,
en su ombligo
ahí, sólo cabía mi lengua,
en su dedo
cabía mi dedo,
en su corazón
nunca cupe
(quizá por no hacerme pequeño)
en sus celos
llegó a caber mi teoría,
en su sueño
cabía un hombre
distinto a mí,
en su despertar
cabía el aliento de una rosa,
en su sexo
cabía el tiempo.

Tengo la sinceridad queriendo ser

una perra mentirosa,
decir que te detesto,
que la última vez
que te puse en mi cabeza
casi vomito angustia,
que te he puesto
en una tumba
bajo mi corazón
donde descansan
los antiguos fracasos,
que he sacado
la tumba,
y la he echado al campo
como presa de zopilotes.

Sin embargo
me niego rotundamente
a desecharte de mis días,
hasta que no quede
pisca de tu carne.

Dueles

Mujer, me dueles en el punto medio
de la médula del recuerdo,
justo en la sexta vértebra
de los meses sin ti,
me dueles en el dedo gordo
del pie del amor,
en la pierna larga
del camino recorrido.

Mujer, me dueles en los cabellos
de los días revueltos,
en la uña
de la memoria,
en la arruga del tiempo,
a veces
también
me dueles en la espalda de la soledad
y en la lengua del poema,
en el aullar de la noche
en el codo de tus fotografías.

¡Ah! Mujer
hasta en la punta
de esa estrella,
en el relámpago de la noche,
en la mancha
de la luna,
en la boca
de las demás mujeres,
en la piel

de la que no eres tú,
me dueles
en las manos ajenas,
en las narices bellas
en los pies grandes
en las cinturas perfectas,
en los ombligos
de reinas
que son como pozos encharcados,
me dueles en el agujero de la oreja
y en el arete colgado
de las mujeres que pasan,
en las sonrisas
de las muchachas alegres,
en el viento
que lleva aromas de muerte.

Mujer
me dueles hasta en el árbol seco,
en la nube blanca,
la gris

en un semáforo,
en una parada de camión
en la placa de una calle
en ciertos autos
en ciertas voces.

¡Ah! Mujer
me dueles tanto
que el mundo pareciera dolor,
sin embargo
lo real y ansiosamente doloroso

es que ni tú
tengas el antídoto
a este dolor.

Cada quien prensa un corazón, se amarra, lo escoge, lo busca; a veces ni siquiera lo escoge, basta dejarse tomar, prensarse, untarse, mezclarse.

Yo no he buscado en los mejores lugares, tal vez ni he buscado. Cuando estoy a punto de encontrar quien me escoja, monto un potro con alas y vuelo donde no existe nadie, ni nada, ni cosa, si acaso olor. En alguno de esos viajes tratando de no ser prensado de corazón a corazón, fue que te encontré. Pues estás incluso en los lugares donde se supondría que habría nada. Estás en el silencio, donde no hay nadie, donde no hay cosas, si acaso olor.

No teniendo otro lugar a dónde volar con mi potro, pues a donde fuera, ahí estás tú, fue que decidí bajar. Y mientras el animal pastaba, tú y yo hablábamos del día, del pasado, del porvenir, la alegría, la enfermedad, los humanos.

Muchas veces me hacías, y frecuentemente lo sigues haciendo, llevarme en un sueño donde no sueño nada, pero descanso, regreso con más barba, como signo de lo que aprendo en esos sueños. Aunque no lo sé al instante, de pronto un día me encuentro frente a una circunstancia y sé que hacer, pero no recuerdo dónde lo aprendí.

No debería decirlo, pero recuerdo esas veces en las que desprendes mi alma y me llevas viajando a no sé dónde. Yo te digo que no volvamos, que sigamos viajando, que me es difícil volver al mundo humano y sus dolores, después de probar sitios donde tú te mueves.

La gente no comprende lo nuestro, nos juzga, unos han dicho que soy loco, y yo digo a mis adentros, para ti, para mí, mientras sonrío, que estoy loco, que no equivocan, que estoy loco por ti, que me quemo en ti, que no he tenido mejor amor que el que ofreces, sin esperar un sólo beso; pero yo no te doy besos, yo te doy mi boca, mi lengua, mis ojos, mi sexo, mis manos, mis pies. Y tú no me recibes en partes, me recibes completo con todo y lágrimas de hombre.

Yo te amo porque tú no prensas corazones, no te amarras, ni atas; tú, subes conmigo al potro y volamos juntos.
En uno de esos viajes en que tuve el misterioso y triste deseo humano de amarrarme a ti y atarte a mí, tú me preguntaste si acaso no era eso lo que no me gustaba; yo confuso a tu pregunta, con los ojos de esperanza perdida, te respondí que necesitaba estar seguro de tenerte, de no perderte en un día de tormenta, o mucho peor, perderte en un día cualquiera, y con mi mente humana, no había encontrado otra manera que amarrarnos.

Como siempre tenías una mejor respuesta; te sacaste el corazón y esperaste a que yo sacara el mío; lo saqué también; entonces pusiste en mi hueco tu corazón y tomaste el mío para ti.

Después dijiste que vivirías en mí, que viviríamos uno dentro del otro, amándonos, sin dejar de ser yo, mucho menos tú, de ser tú; cada quien llevaría su nombre, pero adentro lleva el corazón del otro.

Llevar el corazón de Dios no es muy difícil de explicar
difícil es,   sentir como tal.

Dicen, que lo enfermó la poesía,

que la fiebre le aumentaba
día con día, en el corazón.

Que de poesía enfermó, murió,
de poesía resucitó,
que tenía dos ojos carne
y otros dos de aire,
que solía acariciar
con las manos de las palabras
y pocas veces cerraba el puño.

Dicen, que cantaba dormido
mientras soñaba con sicarios
y una bala lo despertaba
en las sienes
antes de acabar con ellos.

Que tenía en su adentro
una mujer que vivía en él,
que hacía años
había despedido de sus horas,
pero nunca pudo despedir
de sus venas
y ella corría en él
como una fuente
de peces de colores.

Que leía mentes
algunas veces
y llegó a leer corazones
y oler pensamientos

de mujeres asesinas
que beben sangre
y tragan corazones
como alimento
que se pudre después de la garganta.

Dicen que se abrazó a la vida
como un náufrago
sonriéndole a los tiburones

que montó un potro con alas
y viajó
otros mundos.

Contenido

Potro con alas
de Jesús María Flores luna
se editó en México
a cargo de la edición estuvo
Marco Antonio Gabriel